Tiempo y actividades

NATIONAL GEOGRAPHIC School Publishing

Cory Phillips

PICTURE CREDITS

Illustrations by Trish Hart (4–5, 14–15).
Cover (above), 7 (above right), 8 (above center & below center), 9 (above center & below center), 10 (above left), 11 (main image), 16 (above right), Getty Images; cover (below left & below right), 1, 8 (above right & below right), 9 (above right & below right), 10 (above right), Lindsay Edwards Photography; 2, 6 (center & above right), 7 (above left & below left), 8 (above left & below left), 9 (above left & below left), 13 (above left & above right), 16 (above left & below left), Photolibrary.com; 6 (above left), Photodisc; 11 (inset), APL/Corbis; 13 (below right), Richard Hutchings/PhotoEdit, Inc.

Produced through the worldwide resources of the National Geographic Society, John M. Fahey, Jr., President and Chief Executive Officer; Gilbert M. Grosvenor, Chairman of the Board.

PREPARED BY NATIONAL GEOGRAPHIC SCHOOL PUBLISHING

Ericka Markman, Senior Vice President and President Children's Books and Education Publishing Group; Steve Mico, Senior Vice President and Publisher; Marianne Hiland, Editorial Director; Lynnette Brent, Executive Editor; Michael Murphy and Barbara Wood, Senior Editors; Bea Jackson, Design Director; David Dumo, Art Director; Margaret Sidlowsky, Illustrations Director; Matt Wascavage, Manager of Publishing Services; Sean Philpotts, Production Manager.

SPANISH LANGUAGE VERSION PREPARED BY
NATIONAL GEOGRAPHIC SCHOOL PUBLISHING GROUP

Sheron Long, CEO; Sam Gesumaria, President; Fran Downey, Vice President and Publisher; Margaret Sidlosky, Director of Design and Illustrations; Paul Osborn, Senior Editor; Sean Philpotts, Project Manager; Lisa Pergolizzi, Production Manager.

MANUFACTURING AND QUALITY MANAGEMENT

Christopher A. Liedel, Chief Financial Officer; George Bounelis, Vice President; Clifton M. Brown III, Director.

BOOK DEVELOPMENT

Ibis for Kids Australia Pty Limited.

SPANISH LANGUAGE TRANSLATION

Tatiana Acosta/Guillermo Gutiérrez

SPANISH LANGUAGE BOOK DEVELOPMENT

Navta Associates, Inc.

Published by the National Geographic Society
Washington, D.C. 20036-4688

Copyright © 2008 National Geographic Society. All rights reserved.
Reproduction of the whole or any part of the contents without written permission from the publisher is prohibited. National Geographic, National Geographic School Publishing, National Geographic Windows on Literacy and the Yellow Border are registered trademarks of the National Geographic Society.

ISBN: 978-0-7362-3841-0

Printed in Canada

12 11 10 09 08

10 9 8 7 6 5 4 3 2

Contenido

Pensar y conversar	4
Saber la hora	6
Cada día	8
Días de la semana	10
Meses del año	12
Usar lo que aprendieron	14
Glosario ilustrado	16

Pensar y conversar

Hoy es **miércoles**.
Hoy vamos a la clase de música.

¿Cómo sabemos qué hora es?
¿Cómo sabemos el día de la semana?

Servicio de comedor

Lunes	María
Martes	Paul
Miércoles	Meg
Jueves	Lin
Viernes	Chris

Saber la hora

Para saber la **hora,** usamos **relojes.**
Los relojes nos dicen las horas y los minutos.

Cada día

Algunas cosas ocurren a la misma hora todos los **días.**

Pablo se levanta a las 7 en punto de la mañana.

Pablo llega a casa de la escuela a las 3 en punto de la tarde.

Pablo cena a las 5 en punto de la tarde.

Pablo se acuesta a las 9 en punto de la noche.

  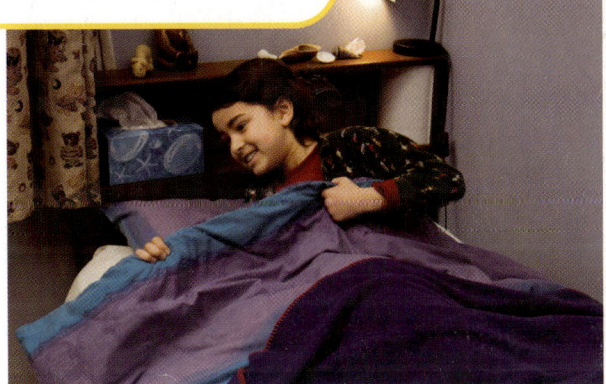

Días de la semana

Una semana tiene 7 días. Algunas cosas ocurren el mismo día todas las **semanas.**

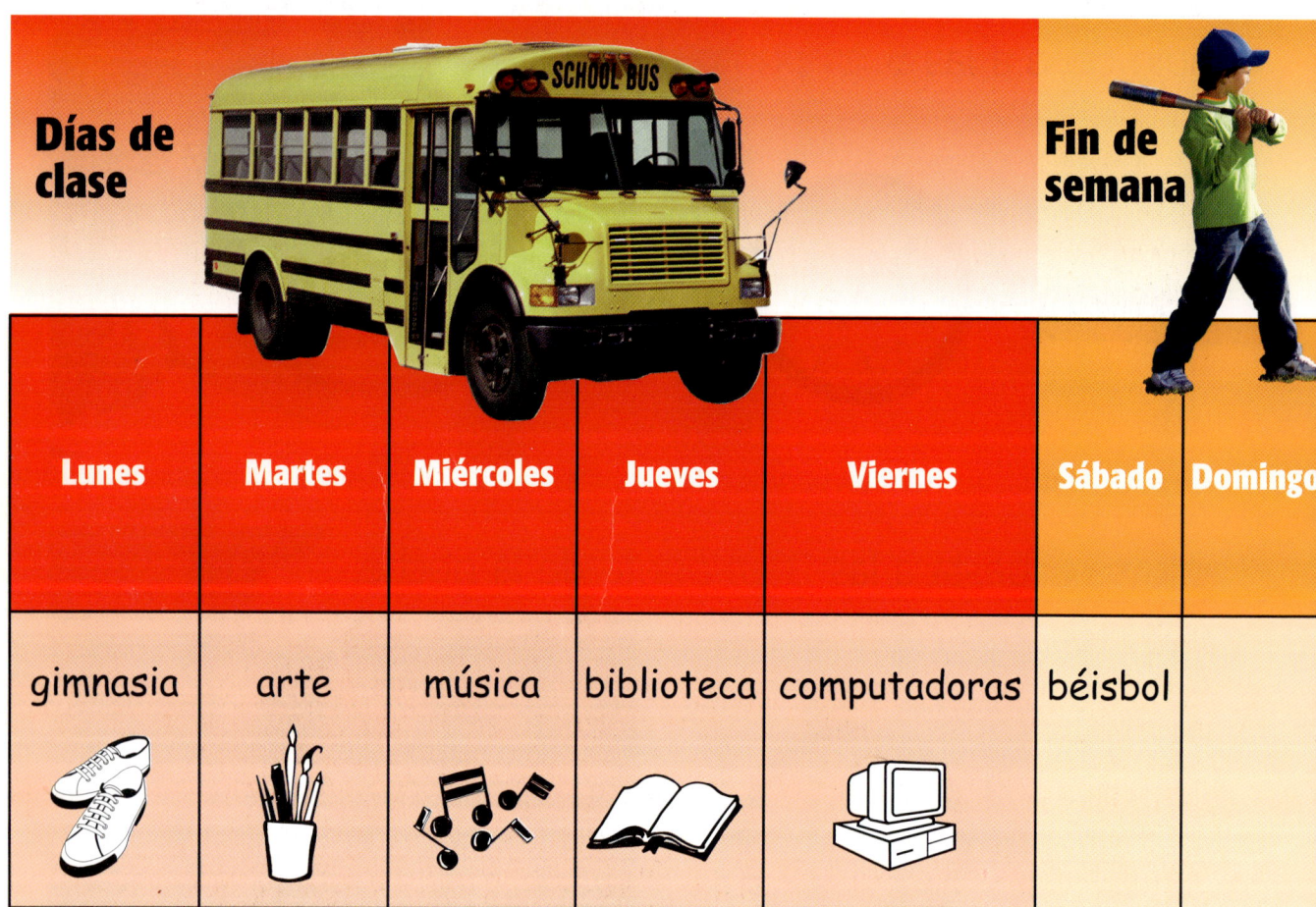

Días de clase					Fin de semana	
Lunes	**Martes**	**Miércoles**	**Jueves**	**Viernes**	**Sábado**	**Domingo**
gimnasia	arte	música	biblioteca	computadoras	béisbol	

Lunes fútbol
Martes reunión del club
Miércoles
Jueves fútbol
Viernes clase de piano
Sábado feria escolar
Domingo merienda campestre

Feria Escolar
Sábado
11 de abril
10 – 3
¡Toda la familia!
¡Premios!
¡Paseos en pony!

Meses del año

Un año tiene 12 meses. Algunas cosas ocurren el mismo **mes** todos los **años.**

Enero	Febrero	Marzo
Abril	Mayo	Junio
Julio	Agosto	Septiembre
Octubre	Noviembre	Diciembre

Marzo

Domingo	Lunes	Martes	Miércoles	Jueves	Viernes	Sábado
1	2	3	4	5	6	7
8	9	10	11 ★ Cumpleaños de Sara	12	13	14
15	16	17	18	19	20	21 Empieza la primavera
22	23 ★ Cumpleaños de Andrés	24	25	26	27	28
29	30	31				

Usar lo que aprendieron

¿Qué cosas hacen todos los días a la misma hora?

año

día

en punto

hora

mes

reloj

semana

Glosario ilustrado

año

calendario

reloj de pared

reloj de pulsera